O Pequeno Livro da Franco-Maçonaria

Título original: *The Little Book of Freemasonry*

Copyright © 2004 The Book Laboratory Inc.

Todos os direitos reservados. Nenhuma parte deste livro pode ser reproduzida ou usada de qualquer forma ou por qualquer meio, eletrônico ou mecânico, inclusive fotocópias, gravações ou sistema de armazenamento em banco de dados, sem permissão por escrito, exceto nos casos de trechos curtos citados em resenhas críticas ou artigos de revistas.

A Editora Pensamento-Cultrix Ltda. não se responsabiliza por eventuais mudanças ocorridas nos endereços convencionais ou eletrônicos citados neste livro.

Dados Internacionais de Catalogação na Publicação (CIP)
(Câmara Brasileira do Livro, SP, Brasil)

Duchane, Sangeet
    O pequeno livro da franco-maçonaria / Sangeet Duchane; tradução Carmen Ficher. -- São Paulo: Pensamento, 2006.

    Título original: The little book of freemasonry
    ISBN 85-315-1461-4

    1. Maçonaria 2. Maçonaria - História 3. Maçons
I. Título.

06-5620   CCD-366.1

Índices para catálogo sistemático:

1. Maçonaria : Sociedades secretas   366.1

O primeiro número à esquerda indica a edição, ou reedição, desta obra. A primeira dezena
à direita indica o ano em que esta edição, ou reedição, foi publicada.

Edição	Ano
1-2-3-4-5-6-7-8-9-10-11	06-07-08-09-10-11-12-13

Direitos de tradução para o Brasil
adquiridos com exclusividade pela
EDITORA PENSAMENTO-CULTRIX LTDA.
Rua Dr. Mário Vicente, 368 — 04270-000 — São Paulo, SP
Fone: 6166-9000 — Fax: 6166-9008
E-mail: pensamento@cultrix.com.br
http://www.pensamento-cultrix.com.br
que se reserva a propriedade literária desta tradução.

Impresso em nossas oficinas gráficas.

Sangeet Duchane

O Pequeno Livro da Franco-Maçonaria

Tradução:
CARMEN FISCHER

EDITORA PENSAMENTO
São Paulo

Sumário

Introdução	9
Origens da Franco-Maçonaria	13
Os Cavaleiros Templários	14
Os Templários e os Franco-Maçons	24
A Maçonaria Operativa	33
O Pensamento Metafísico	40
História da Franco-Maçonaria na Europa	49
Renomados Franco-Maçons Britânicos	59
História da Franco-Maçonaria nos Estados Unidos	61
A Guerra pela Independência	62
O Novo Governo	69
O Grande Selo	73
Da Independência ao Escândalo	77
Renomados Franco-Maçons Americanos	81
A Franco-Maçonaria nos Estados Unidos Hoje	84

Mitos e Símbolos 87
   O Mito da Criação segundo a Franco-Maçonaria 87
   Hiram Abiff 88
   Os Símbolos 95
   A Loja 96
   A Divindade 98
   As Colunas do Templo 100
   A Caveira sobre Ossos Cruzados 103

Artefatos 107
   Quadros de Assoalho e Pranchas de Gravar ou Traçar 107
   Paramentos 108
   Costumes e Uniformes 113
   Jóias e Medalhas 115
   Espadas 116
   O Mobiliário 119

O Grau de Aprendiz Aceito 123

O Grau de Companheiro 133

O Grau de Mestre 141

Os Graus Superiores 147

Os Ensinamentos Secretos 151

Agradecimentos 155

O Pequeno Livro da Franco-Maçonaria

Introdução

A franco-maçonaria é uma fraternidade que existe desde o século XVII. Embora tenham existido organizações sociais femininas a ela associadas, a franco-maçonaria continua sendo uma fraternidade, uma organização de irmãos. A Loja Franco-Maçônica foi criada para funcionar como uma espécie de escola de mistério, um local onde os irmãos se reúnem e podem ajudar uns aos outros no desenvolvimento espiritual e, também, passam adiante a antiga sabedoria. Seus membros chamam a franco-maçonaria de Arte Real.

A franco-maçonaria surgiu como uma forma de deísmo que, no caso, significa a crença num Deus Criador, chamado de O Grande Arquiteto do Universo, ou O.G.A.D.U. A franco-maçonaria não se atém aos detalhes de como os diferentes grupos vêem o Criador no judaísmo, no cristianismo, no islamismo, no hinduísmo ou em qualquer outra religião. Jeová, Deus Pai, Alá e Brahma são igualmente aceitos como formas de perceber O.G.A.D.U.

A franco-maçonaria surgiu numa época de grandes conflitos religiosos, quando a crença mais comum compartilhada por grupos religiosos rivais era a de que qualquer um que não estivesse de acordo com sua crença devia ser morto da forma mais dolorosa e brutal possível. Vendo a enorme perda de vidas e o desperdício de recursos que esses conflitos acarretavam, os franco-maçons juraram banir do seu seio as discussões sobre diferenças religiosas e concentrar-se em usar os recursos de todas as tradições de Sabedoria para o seu próprio desenvolvimento pessoal.

INTRODUÇÃO

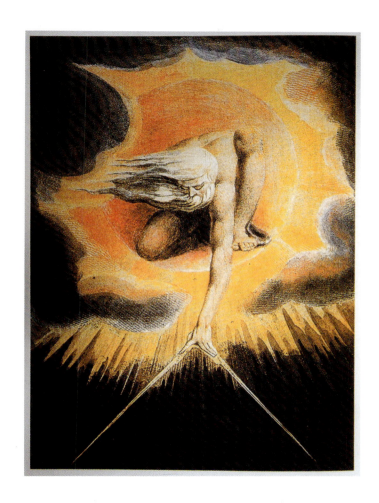

O PEQUENO LIVRO DA FRANCO-MAÇONARIA

Origens da Franco-Maçonaria

Uma das perguntas mais comuns sobre a franco-maçonaria é de onde ela vem? Quais são suas origens? Essa é uma questão debatida calorosamente dentro da própria franco-maçonaria. Existem duas versões tradicionais, cujas teorias, na realidade, não chegam a se opor. A primeira versão diz que a franco-maçonaria é a continuação secreta dos cavaleiros templários do século XIV; e a segunda sustenta que a franco-maçonaria é a continuação das corporações medievais dos construtores. Uma teoria surgida mais recentemente garante que a franco-maçonaria resultou de uma combinação de várias correntes de pensamento metafísico ou oculto que se uniram na Europa do século XVII. A resposta correta com relação às origens da franco-maçonaria muito provavelmente compreende todas essas versões. É bem provável que todas essas correntes — os cavaleiros templários, as guildas maçônicas e o pensamento metafísico — tenham exercido sua influência sobre o desenvolvimento da franco-maçonaria.

Os Cavaleiros Templários

A Ordem dos Pobres Cavaleiros de Cristo e do Templo de Salomão foi fundada em Jerusalém por Hugues de Payen, entre os anos de 1115 e 1118. Os cavaleiros templários ocuparam uma parte do palácio real que fora construído no local onde originalmente estivera o Templo de Salomão. Eles também tinham acesso aos subterrâneos do antigo templo, com o propósito de usá-los como estábulos para seus cavalos, embora muitos acreditem que eles tenham feito escavações ali. Se realmente o fizeram, podem ter desenterrado tesouros e textos. O Manuscrito de Cobre, constituído de um texto gravado em folhas finas de cobre e de parte dos manuscritos encontrados na região do Mar Morto, diz que os judeus enterraram várias arcas com tesouros. Essa informação dá crédito à lenda segundo a qual os templários encontraram tesouros e/ou documentos enterrados nos subterrâneos do templo.

Os templários exploraram muitas vias de conhecimento no Oriente Médio, estabelecendo relações diplomáticas com os sarracenos e traduzindo diversos manuscritos arábicos. Eles tiveram muitas preceptorias ou mosteiros por toda a Europa e Oriente Médio e os entalhes de suas construções mostram que os templários tinham conhecimentos de astro-

ORIGENS DA FRANCO-MAÇONARIA

logia, alquimia, geometria sagrada, numerologia e astronomia. Essas eram áreas de conhecimento consideradas suspeitas pelos cristãos daquela época e, portanto, as lendárias regras de sigilo dos templários podem ter sido criadas para proteger a ordem de acusações de heresia.

Nos últimos tempos vêm sendo encontrados documentos do cristianismo primitivo, como os Evangelhos Gnósticos, além de documentos alternativos do judaísmo, como os Manuscritos do Mar Morto. É muito provável que a Ordem dos Templários também tenha encontrado documentos que não estejam de acordo com a Bíblia e com os ensinamentos oficiais da Igreja. Sabemos que existiram muitos outros evangelhos e escritos do cristianismo primitivo que, na realidade, não chegaram a fazer parte do Novo Testamento. Muitos dos textos descobertos nos últimos tempos confundiram e, às vezes, até chocaram os estudiosos modernos. Podemos apenas imaginar que efeito esses textos seriam capazes de exercer sobre as pessoas numa época mais prosaica como a dos templários. Na época em que a Igreja proclamava o seu direito de ser soberana do mundo, com base numa interpretação literal da Bíblia, teria sido muito arriscado reivindicar textos alternativos.

Os cavaleiros templários, como todos os cristãos da Terra Santa na época, também se entregaram com entusiasmo à busca de relíquias sagradas, ou de artefatos, como os pratos usados na Última Ceia, pedaços da cruz ou fragmentos de roupa, até relíquias humanas de diversos santos. Algumas pessoas chegaram a acreditar que o Manto de Turim esteve por algum tempo sob a proteção dos cavaleiros templários.

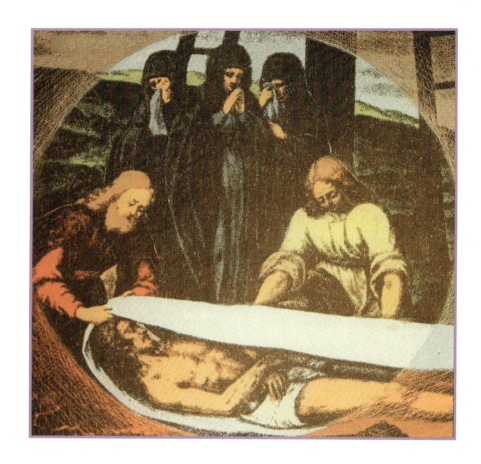

Como a Ordem dos Cavaleiros Templários atraía a imaginação romântica da época, homens de muitas famílias nobres ingressavam nela, doando suas propriedades. Além disso, ela recebeu propriedades doadas por outros e, assim, os templários acabaram sendo uma das ordens mais ricas da Europa, chegando a financiar reinos inteiros. Essas transações financeiras acabaram trazendo problemas para a ordem.

O reino cristão de Jerusalém foi perdido em 1137, em parte devido às decisões equivocadas do Grão-Mestre Templário da época, e os cristãos acabaram sendo aos poucos empurrados para fora do Oriente Médio. Na época, haviam surgido outras ordens religiosas militares, como a dos Cavaleiros Teutônicos e a dos Hospitaleiros, que se estabeleceram em algum lugar da Europa. Quando os templários perderam seus domínios no Oriente Médio, eles ficaram sem uma base real. Eles tinham muitas terras e preceptorias por toda a Europa, mas não tinham o controle sobre nenhum território.

Os templários tornaram-se diplomatas medievais, preceptores internacionais, banqueiros e conselheiros. No início do século XIV, muitos países, inclusive a França de Filipe IV, deviam a eles grandes somas de dinheiro. Filipe IV encontrou uma solução criativa para pagar suas dívidas. Ele conseguiu, provavelmente pelo assassinato de um dos primeiros papas, colocar seu títere Clemente V no controle da Igreja e, com isso, todos os templários que viviam na França foram detidos em 1307 sob acusação de heresia.

As prisões foram seguidas de uma inquisição sobre a ortodoxia da ordem, que acabou sendo desmantelada em 1312. Houve importantes

testemunhos de alguns templários, mas a credibilidade deles foi abalada pelo fato de terem sido obtidos sob tortura ou ameaça de tortura. Os templários foram acusados de cuspirem na cruz e idolatrarem uma cabeça chamada Baphomet, entre outras heresias.

Os templários detidos na França foram processados e muitos foram presos ou queimados vivos. Em 1314, o último grão-mestre dos templários e o preceptor da Normandia foram queimados vivos em fogo brando. Conta a lenda que o Mestre, Jacques de Molay, desafiou Clemente V e Filipe IV a encontrá-lo dentro de um ano diante do trono de Deus para prestarem contas de seus atos. Clemente V morreu dentro de um mês e Filipe IV, um ano depois. É possível que os templários ou alguns de seus partidários tenham tido alguma participação nessas mortes; de qualquer maneira, o fato de elas terem ocorrido só fez aumentar a fama deles e a crença nos seus poderes mágicos.

Nem todos os templários da França foram presos. Parece que a Ordem foi advertida antecipadamente e, assim, um grupo deles conseguiu escapar da preceptoria de Paris com a biblioteca principal e o tesouro da ordem. Esse grupo parece ter ido para o litoral norte da França, de onde fugiu na esquadra dos templários, que jamais foi encontrada. Os templários de outros países não foram tratados de maneira tão cruel quanto os da França e muitos sobreviveram. Portugal absolveu os templários e deu refúgio aos que, fugindo de outras partes do mundo, iam para lá. Na Grã-Bretanha, o rei demorou tanto tempo para prender os templários que todos os que quiseram fugiram e só os velhos e enfermos foram processados. A maioria deles foi condenada a viver confinada dentro de mosteiros.

A Escócia foi o único país que não prendeu absolutamente nenhum templário. Robert Bruce, o rei da Escócia, tinha sido excomungado por ter assassinado um adversário dentro de uma igreja e não tinha nem disposição nem tempo para se dar ao trabalho de combater os inimigos da Igreja.

Bruce tomou o poder vencendo uma grande batalha contra os ingleses em Bannockburn em 1314, sete anos depois da fuga de muitos templários da França e de outros países. Há quem acredite que o exército de Bruce tenha sido fortalecido pelas habilidades militares e armamentos bélicos dos templários, e é totalmente possível que a esquadra templária tenha navegado para a Irlanda e, de lá, para a Escócia.

Não há nenhuma dúvida de que muitos templários sobreviveram à dissolução da ordem e se instalaram em diversas partes da Europa. Será que eles fundaram uma organização secreta com o intuito de passarem adiante seus ensinamentos?

ORIGENS DA FRANCO-MAÇONARIA

Os Templários e os Franco-Maçons

Uma escavação do castelo de Athlit da Ordem dos Templários na Terra Santa comprovou que os templários tinham seus próprios pedreiros e que, em pelo menos um caso, eles gravaram um esquadro maçônico e uma pedra de prumo na sepultura de um pedreiro templário. Outra sepultura tinha uma âncora, indicando ser a do comandante de um navio. A maioria das sepulturas de templários tinha uma espada, sem nenhum nome, uma vez que o cavaleiro abdicava de sua identidade quando ingressava na ordem. Na Escócia, foram encontradas sepulturas com uma espada, porém sem nome, e lápides com uma espada e símbolos maçônicos. Algumas pessoas acreditam que essas lápides sejam indícios de que os templários não apenas estiveram na Escócia, mas que além disso tiveram uma forte ligação com os maçons daquele país.

A família escocesa de Sinclair (anteriormente Saint-Clair e aparentada à família francesa desse mesmo nome) tinha relações estreitas com os reis da Escócia, inclusive com Robert Bruce. Se os templários participaram

ORIGENS DA FRANCO-MAÇONARIA

efetivamente do exército de Bruce, eles provavelmente conheceram William Sinclair, assim como o próprio rei. Em 1441, o rei da Escócia James II nomeou um descendente da família Sinclair, Sir William, como Patrono e Protetor dos maçons escoceses. Essa era uma posição que a família passou a ver como hereditária e continuou envolvida com construtores e maçons por muitas gerações.

Em 1446, Sir William iniciou a construção da Capela Rosslyn. Sua intenção era que ela fosse uma igreja colegiada, mas depois de quarenta anos de construção da capela, seu filho não prosseguiu com o projeto e só a capela acabou sendo construída. A Capela Rosslyn, apesar de ser cristã na superfície, está repleta de simbolismo pagão, demonstrando que Sir William tinha interesse em assuntos incomuns para a época e também para um cristão. Diz a lenda que Sir William importou pedreiros maçons do continente e que a cidade de Roslin foi construída para acomodá-los. Lendas sobre a construção de Rosslyn acabaram se tornando parte da franco-maçonaria. Se os pedreiros maçons vieram de fato do continente, eles devem ter trazido consigo as lendas e o conhecimento de construção que tinham herdado das tradições romanas e que podem ter sido fundidos com a própria tradição maçônica dos templários.

Quando, no século XVII, a franco-maçonaria deixou de ser uma organização corporativa para se tornar uma organização de caráter especulativo, a família Sinclair começou a envolver-se com a franco-maçonaria escocesa. Houve uma continuidade da família Sinclair desde os tempos da chegada dos templários, passando pela época das corporações de classe maçôni-

ORIGENS DA FRANCO-MAÇONARIA

cas e indo até o tempo da franco-maçonaria especulativa. Isso contribuiu para que se acreditasse que os templários tenham sido os precursores da franco-maçonaria e, também, para a crença de que a biblioteca e o tesouro dos templários estiveram ou continuam enterrados na Capela Rosslyn.

Existem ainda algumas semelhanças entre o que se conhece dos templários e as práticas dos franco-maçons. Uma delas é que o único adorno permitido nas vestimentas dos templários era a pele de carneiro e eles tinham de usar o tempo todo um cinto de pele branca de carneiro como símbolo de castidade. Os franco-maçons usam um avental de pele branca de carneiro como símbolo de vida imaculada. Os capelães templários usavam luvas brancas o tempo todo fora da missa para terem as mãos limpas quando fossem tocar a Hóstia Consagrada. Os franco-maçons usam luvas brancas como parte de seus paramentos rituais, prática que teve início num período da história em que usar luvas não era tão comum quanto se tornou mais tarde. Os procedimentos dos templários eram totalmente secretos e consta que punições severas eram infligidas sobre aqueles que os violassem. Os rituais franco-maçônicos são também secretos e os maçons fazem votos de guardarem sigilo que incluem descrições de punições terríveis para quem os quebrar.

Uma objeção à teoria de que os templários constituem a origem da franco-maçonaria é que os relatos sobre os templários abstêm-se de mencionar que nem todos os membros da ordem eram iguais. De fato, a ordem continha três divisões. Os cavaleiros provinham da nobreza e, como a maior parte dos membros da nobreza européia da época, costumavam ser analfabetos. Os cavaleiros usavam mantos brancos com uma cruz vermelha, cabelo curto e barba longa. Eles formavam a força de combate da ordem.

O segundo grupo dos templários era formado pelos sargentos. Esses homens eram recrutados entre os membros livres da classe média de mercadores ou artesãos relativamente prósperos. Os sargentos usavam mantos pretos ou marrom-escuros com uma cruz vermelha. Eles serviam como soldados, sentinelas, cavalariços, camareiros e outras funções afins.

O último grupo era formado por clérigos, sacerdotes e capelães: esses eram muitas vezes os únicos membros alfabetizados da ordem. Usavam mantos verdes com uma cruz vermelha. Eram os escribas, os responsáveis pelos arquivos, registros e bibliotecas. Eles teriam sido os guardadores do conhecimento dos templários.

Devido a essas divisões da Ordem dos Templários, a presença dos cavaleiros templários numa determinada região após a dissolução da ordem não garantia a presença de nenhum conhecimento mais elaborado por parte dos templários. Para passar adiante os conhecimentos dos templários, os cavaleiros tinham que apresentar os documentos da ordem ou estar acompanhados pelos clérigos. Uma ou ambas dessas condições podem ter ocorrido na Escócia, desde que a biblioteca dos templários desapareceu da preceptoria de Paris e foi levada para algum outro lugar. A presença de alguns templários na Escócia é praticamente certa. A presença de algum conhecimento particular dos templários é muito mais difícil de ser comprovada.

ORIGENS DA FRANCO-MAÇONARIA

A Maçonaria Operativa

Os pedreiros envolvidos na atividade de construção são chamados de maçons operativos, enquanto os franco-maçons são conhecidos como maçons teóricos ou especulativos. A maçonaria operativa não era um simples negócio, mas foi transformada em arte refinada nas culturas grega e romana. Vitrúvio, arquiteto e pensador romano do século I a.C., criou o que ele denominou "ordens da arquitetura" e sua obra e escritos sobre arquitetura foram influenciados pela tradição dos mistérios dionisíacos. Vitrúvio acreditava que, além de possuírem conhecimentos técnicos, os arquitetos deviam estudar filosofia, música, astrologia e outras disciplinas relacionadas. As idéias de Vitrúvio e seus sucessores foram introduzidas na Europa com a expansão do Império Romano.

Quando os romanos deixaram a Grã-Bretanha no século IV d.C., a invasão anglo-saxônica destruiu a maior parte das construções de pedra da era romana e, durante os três séculos seguintes, as construções foram feitas de madeira e sapé. Os grandes projetos de construção em pedra só voltaram a ser erigidos por volta do ano 1000 d.C., mas é improvável que os conhecimentos romanos nessa área tenham sobrevivido na Grã-Bretanha daquela época. Embora, muito provavelmente, eles tenham sobrevivido no continente europeu e, também, que tenha ocorrido um intercâmbio de idéias entre os maçons do continente e os da Bretanha normanda. Podemos supor que pelo menos parte da tradição romana de arquitetura fez seu percurso de volta à Grã-Bretanha com o retorno dos construtores maçons.

No século XIII, eram ainda poucas as construções de pedra que estavam sendo erigidas na Inglaterra. Apenas as catedrais, as igrejas e os castelos erigidos pelo rei ou por aqueles nobres que tinham a permissão do rei para "construir castelos", eram feitos de pedra. Os pedreiros eram, portanto, empregados apenas pela Igreja ou pela nobreza e havia uma ligação de longa data entre esses grupos que voltaria à superfície durante a formação da franco-maçonaria. Os pedreiros eram às vezes recrutados pelo rei e pelos nobres para construírem castelos e fortificações de guerra e, assim, muito poucos deles podiam se concentrar unicamente no trabalho artístico da Igreja. Parte do que conhecemos sobre o estilo de vida dos pedreiros provém das esculturas que eles fizeram de si mesmos e deixaram nas construções.

De acordo com seus níveis de conhecimento, os trabalhadores da construção abarcavam desde os pedreiros brutos que dispunham pedras comuns até os artesãos altamente qualificados que trabalhavam com pedra mais mole, como o calcário, também conhecida como pedra de cantaria. Esses trabalhadores altamente qualificados passaram a ser chamados de pedreiros de cantaria e, finalmente, de franco-maçons. Como demonstram as construções de pedra do passado, os pedreiros europeus não eram meros assentadores de tijolos. Alguns deles estavam também envolvidos com arquitetura e tinham os conhecimentos geométricos necessários para desenhar e construir estruturas sofisticadas, inclusive de catedrais suntuosas. Um dos segredos mais preciosos do pedreiro era o da chave da abóbada, a pedra do centro que sustentava as maciças e complexas colunas.

No século XIV e, talvez já no século XIII, foram formadas diversas corporações de classe na Inglaterra, bem como em muitos outros países da Europa. Essas corporações profissionais eram dirigidas por organizações que tinham uma licença concedida pelo rei. As guildas regulavam todos os aspectos da vida. A associação dos pedreiros exigia de seus membros que acreditassem na doutrina da Igreja Católica e que rejeitassem toda e qualquer heresia, que cumprissem com todas as suas obrigações para com o rei e outros superiores, e que vivessem de acordo com os preceitos morais vigentes. Adultério, fornicação, permanecer fora de casa depois das oito horas da noite e freqüentar tavernas e bordéis eram todas atividades proibidas. E só era permitido jogar cartas durante os doze dias em volta do Natal.

Depois de a praga ou Peste Negra ter dizimado a Europa, nos séculos XIV e XV, houve escassez de mão-de-obra. Os trabalhadores da Inglaterra procuraram naturalmente tirar proveito dessa escassez de mão-de-obra, exigindo salários mais altos. Em resposta foram criadas leis limitando os salários para diversos tipos de trabalho. Muitos pedreiros se recusaram a respeitar esses regulamentos e juntaram-se a entidades de classe clandestinas, que não aceitavam trabalhar por salários abaixo dos estabelecidos por elas. O sigilo era essencial para esses grupos, uma vez que tanto os pedreiros quanto os empregadores estariam sujeitos a pesadas multas se fossem flagrados. Essa pode ter sido uma das causas das leis de sigilo que posteriormente viriam se tornar uma das partes mais importantes da franco-maçonaria.

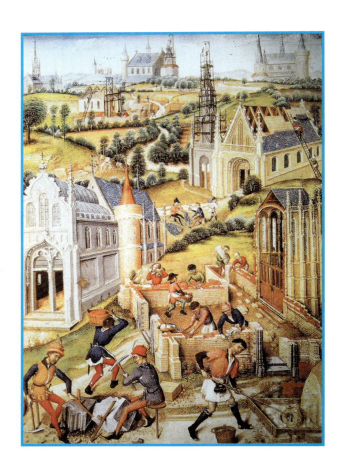

No século seguinte, os maçons operativos já tinham compilado uma vastíssima coletânea de lendas relacionadas com o ofício, incluindo lendas sobre a construção do Templo de Salomão, de Deus como o arquiteto do universo e várias idéias herméticas e neoplatônicas que não eram comuns na Europa antes do Renascimento. A partir das informações disponíveis, é impossível saber de que maneira essas idéias penetraram nas guildas dos pedreiros. Uma teoria bastante popular é que essas idéias são de origem templária. Como outras guildas de artesãos, os pedreiros também participavam de representações de peças de mistério para a comunidade em dias de festa, provavelmente incluindo peças que tinham relação com a construção original do Templo de Jerusalém, prática essa que pode ter passado para os rituais da franco-maçonaria.

Na Escócia, os maçons operativos continuavam ativos nas guildas na época em que começaram a convidar os maçons teóricos ou especulativos das classes superiores para se unirem a eles. Na Inglaterra, as guildas operativas eram menos ativas e não se sabe com certeza se houve uma transição direta da maçonaria operativa para a especulativa. Está claro, no entanto, que os maçons especulativos que começaram a se encontrar em grupos chamados Lojas Maçônicas no século XVII adotaram o nome e os regulamentos ou a constituição dos maçons operativos anteriores.

A franco-maçonaria, em sua totalidade, incorporou claramente muitas das lendas dos maçons operativos e usaram a maçonaria operativa como base do simbolismo e da alegoria que ela utiliza para ensinar os princípios da doutrina franco-maçônica.

O Pensamento Metafísico

A maior parte do conhecimento metafísico ou esotérico chegou à Europa Ocidental vinda do Oriente. A grande ironia com respeito à sua difusão na Europa é que essa doutrina, que constituía a base para a tolerância religiosa, foi propagada pela própria intolerância e perseguição religiosas.

Uma das primeiras incursões dessa doutrina na Europa começou nos séculos VII e VIII, quando os invasores islâmicos ocuparam a Península Ibérica e parte da França. Do ano de 732 até 1492, a Espanha foi o repositório do conhecimento esotérico do islamismo, do judaísmo, da filosofia clássica grega e de toda a história da tradição da sabedoria oriental.

Com as viagens que eram feitas entre a Espanha e outras partes da Europa, esses conhecimentos se propagaram. O cavaleiro bávaro Wolfram

ORIGENS DA FRANCO-MAÇONARIA

O PEQUENO LIVRO DA FRANCO-MAÇONARIA

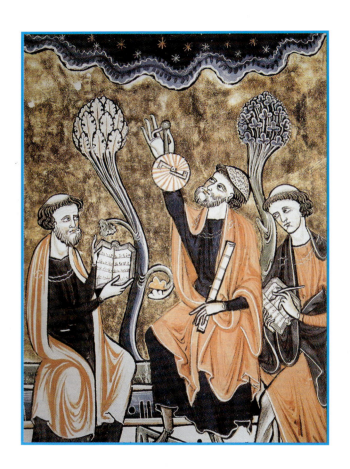

von Eschenbach escreveu sua versão da lenda do Santo Graal, *Parzival* — que mais tarde seria usada como base para a ópera de Wagner, *Parsifal* — a partir de uma lenda que ele diz ter encontrado na Espanha. Nicolas Flamel, o mais célebre alquimista do Ocidente, teria supostamente aprendido seus segredos de um livro que adquirira na Espanha. Em 1492, quando os monarcas católicos tomaram o poder, baniram os judeus e deram início à Inquisição Espanhola, muitos refugiados fugiram para outros países da Europa Ocidental, levando consigo seus conhecimentos.

Em 1493, Constantinopla e os últimos remanescentes que haviam sobrado do antigo Império Bizantino caíram nas mãos dos invasores turcos e os refugiados fugiram para a Europa Ocidental levando consigo suas bibliotecas e textos sobre hermetismo, neoplatonismo, gnosticismo, cabala, astrologia, alquimia e geometria sagrada.

Na Europa Ocidental, a Renascença estava começando. Na Itália, surgiam academias de estudos bizantinos. A geometria sagrada já não servia mais apenas no contexto da arquitetura, mas artistas como Leonardo Da Vinci e Botticelli a aplicavam à pintura e à escultura, enquanto outros a aplicavam à poesia, à música e ao teatro. Os ensinamentos das filosofias platônica e neoplatônica difundiram-se por toda a Europa, inclusive o *Timeu*, diálogo de Platão que fala do Criador que é o arquiteto do universo.

Na Inglaterra, o pensamento esotérico também ganhava popularidade entre celebridades como Sidney, Spenser, Marlowe e Francis Bacon. Começaram a se formar "sociedades secretas". Mais ou menos na mesma época, foi criada na Alemanha a sociedade Rosa-Cruz por um grupo de deístas que pregava a tolerância religiosa. Em 1617, irrompeu a Guerra de Trinta Anos entre católicos e protestantes e muitos membros da Ordem Rosa-Cruz fugiram para outras partes da Europa.

No século XVII, quando com a propagação do protestantismo muitas pessoas começaram a ler a Bíblia, surgiu um grande interesse pelos aspectos esotéricos dos relatos bíblicos, como a lenda em torno da construção do Templo de Salomão. Textos prolixos e eruditos eram escritos por teólogos, filósofos e até matemáticos. Isaac Newton escreveu vários livros sobre o Templo de Salomão. Ele achava que Salomão era o maior filósofo de todos os tempos e disse que as leis newtonianas da gravidade tinham sido, em parte, baseadas nas medidas do Templo de Salomão. Newton também achava que as medidas desse templo profetizavam a segunda vinda de Cristo para 1948.

Uma análise da franco-maçonaria e seu simbolismo nos revela que ela tomou muita coisa emprestada de várias dessas tradições. Os maçons e os aristocratas da Escócia podem muito bem ter preservado a tradição dos templários e é óbvio que a franco-maçonaria foi estabelecida de acordo com a estrutura da maçonaria operativa. No entanto, é também verdade que os intelectuais que se envolveram com a maçonaria especulativa (teórica) nos séculos XVII e XVIII vinham de séculos de exposição a formas de pensamento oriental que, provavelmente, tinham muito a ver com o que

ORIGENS DA FRANCO-MAÇONARIA

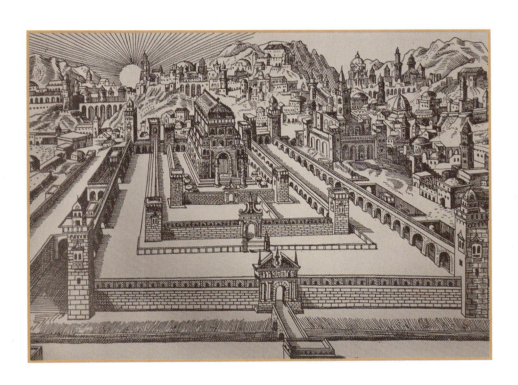

os templários recolheram no Oriente. Seria impossível destacar uma única fonte como sendo a que deu origem à franco-maçonaria.

História da Franco-Maçonaria na Europa

Os Antigos Encargos ou regras organizacionais da maçonaria operativa apontam para os séculos XIII ou XIV, mas os primeiros registros de uma organização especulativa ou teórica só surgiram no século XVI. O primeiro registro escrito de iniciação na franco-maçonaria foi a iniciação de Elias Asmole (ou Ashmole) em 1646. Como sua iniciação foi feita numa Loja que já existia, outras pessoas devem ter sido iniciadas antes dele.

Asmole era alquimista, astrólogo e membro da Ordem Rosa-Cruz, bem como da Ordem Franco-Maçônica. Ele ficou conhecido pelo Asmolean Museum de Oxford, que recebeu seu nome devido à coleção de obras que ele deixou para a universidade. Asmole foi um dos primeiros membros da Royal Society. Seu colega de Royal Society, Sir Robert Moray, era também franco-maçom, e Christopher Wren foi iniciado, mas parece que não chegou a participar. Isaac Newton tinha esses mesmos interesses, mas não chegou a ser franco-maçom.

A primeira Grande Loja da franco-maçonaria foi fundada em Londres em 24 de junho de 1717. Antes disso, a franco-maçonaria na Inglaterra estivera ligada à realeza e à aristocracia. Em 1787, Sua Alteza Real George, o Príncipe de Gales, foi iniciado; ele tornou-se Grão-Mestre em 1791. Ele renunciou a essa posição de Grão-Mestre quando foi coroado rei, mas outros membros da aristocracia seguiram seus passos. O Duque de Sussex tornou-se Grão-Mestre em 1814. Os reis Edward VII e George VI foram ambos franco-maçons e George VI tornou-se Grão-Mestre Passado em 1937. Nas décadas de 1960 e 1970, vários duques foram iniciados e o duque de Kent tornou-se Grão-Mestre em 1967.

A orientação da franco-maçonaria inglesa era para proibir as discussões políticas e religiosas na Loja. Esse era considerado um lugar de fraternidade e de tolerância a diferentes pontos de vista. No entanto, a Grande Loja Inglesa manifestou claramente seu apoio à guerra da Inglaterra contra a França e, também, em outras questões gerais de lealdade à Inglaterra.

Apesar de já encontrar-se espalhada por todo o continente europeu, bem como pelo resto do mundo, o século XVIII constituiu um período difícil para a franco-maçonaria em grande parte da Europa. Em 1738, o Papa Clemente XII emitiu uma bula papal contra a franco-maçonaria. Por que, questionava ele, havia a necessidade de manter segredo, se o que os franco-maçons estavam fazendo não era errado? Ele condenou e excomungou todos os franco-maçons e declarou-os "inimigos da Igreja Romana". Todos os papas até Leão XIII, no final do século XIX, continuaram a publi-

car denúncias contra a franco-maçonaria e, em 1917, a Lei Canônica decretou a excomunhão de todos os membros da maçonaria. Houve um pequeno movimento em direção à tolerância após o Concílio Vaticano II, porém o Papa João Paulo II retrocedeu. Ser membro da franco-maçonaria não é mais considerado base para a excomunhão, mas para os católicos isso continua sendo pecado e pode resultar em punições religiosas.

Essa atitude da Igreja teve um efeito negativo sobre a franco-maçonaria em países católicos como a Espanha, Portugal e países da América Latina. O ditador espanhol Franco baniu a franco-maçonaria em 1936 e, em 1940, tornou-se crime na Espanha até mesmo ter um parente maçom. Supunha-se que qualquer pessoa que mantivesse relação com um maçom tivesse "permitido" a sua participação e muitos parentes eram condenados a longos períodos de prisão.

No século XVIII, uma sociedade secreta da Bavária, conhecida como Illuminati, também foi denunciada. Escritos confiscados revelaram um plano para fomentar a revolução e tomar a Europa, se não o mundo todo. Os franco-maçons ficaram desconcertados diante da Illuminati e isso resultou numa certa rivalidade histérica entre os membros de ambas as organizações. Até hoje, acusações de que os franco-maçons querem dominar o mundo são difundidas pela Internet.

Um medo bem fundado surgiu entre os monarcas europeus quando o povo francês se revoltou em 1789 e acabou executando o rei e a rainha, além de muitos aristocratas franceses. A franco-maçonaria foi responsabilizada pela revolução, embora os próprios rebeldes tivessem acusado a fran-

co-maçonaria por ser hierárquica e seus membros não serem todos iguais. Não há dúvida de que alguns franco-maçons apoiaram a causa revolucionária, mas como nos outros grandes conflitos de todos os tempos, houve franco-maçons de ambos os lados.

Napoleão restabeleceu a franco-maçonaria depois de ter assumido o controle da França. Quando ele foi para a batalha que iria derrotá-lo em Waterloo, a maioria dos comandantes de ambos os lados eram franco-maçons.

Na onda anti-semítica do século XX, os franco-maçons foram acusados de serem cúmplices dos judeus. A franco-maçonaria sempre tinha sido aberta ao judaísmo, como também ao cristianismo, e fazia uso de muitos símbolos e lendas da história judaica. A franco-maçonaria foi proibida na Alemanha nazista. Durante o governo de segregação racial de Botha, na África do Sul, a franco-maçonaria foi acusada de ter como objetivo estabelecer um governo e uma religião mundiais. Na década de 1990, alguns croatas responsabilizaram os franco-maçons pela demora de vários governos em tomarem iniciativas em prol da paz.

Apesar de ter tido uma história de obstáculos no Continente, a franco-maçonaria continua crescendo. A franco-maçonaria da Inglaterra nunca teve de enfrentar um período tão difícil e continua ligada à realeza, à aristocracia e à ordem instituída.

Renomados Franco-Maçons Britânicos

A Grã-Bretanha teve muitos maçons célebres. Sir Winston Churchill juntou-se aos franco-maçons em 1901, quando tinha 26 anos. Cecil Rhodes também foi membro da franco-maçonaria. Na indústria do entretenimento, tanto W. S. Gilbert e Sir Arthur Sullivan, da célebre Gilbert and Sullivan, foram franco-maçons, como também os atores David Garrick e Peter Sellers. Muitos dos mais renomados e preferidos escritores britânicos foram também franco-maçons: Alexander Pope, Jonathan Swift, Robert Burns, Sir Walter Scott, Anthony Trollope, Oscar Wilde, Sir Arthur Conan Doyle e Rudyard Kipling.

História da Franco-Maçonaria nos Estados Unidos

A franco-maçonaria chegou aos Estados Unidos com os colonos britânicos e muitas das primeiras Lojas Maçônicas foram Lojas militares que faziam parte do exército britânico. Os paramentos e equipamentos de cada Loja eram portáteis e podiam ser transportados pela empresa que montava a Loja. Essas Lojas estavam sob a jurisdição da Grande Loja Inglesa, com alguns graus superiores sob a autoridade da Grande Loja Irlandesa.

Também foram estabelecidas Lojas em cidades coloniais como Boston e Filadélfia. Benjamin Franklin, por exemplo, ingressou na Loja da Filadélfia em 1731. No início, essas Lojas mantinham suas reuniões em prédios públicos, como o andar de cima de alguma taverna local. Uma vez que os procedimentos eram secretos, muitas pessoas de fora tentavam espionar e ouvir o que acontecia nessas reuniões e, às vezes, era difícil manter os curiosos afastados. As Lojas tiveram seus prédios erigidos posteriormente, mas esses eram muito mais simples do que as sofisticadas Lojas européias da época. Como a franco-maçonaria era uma organização baseada em princípios éticos e seus membros tinham seu caráter investigado, muitos comerciantes chegaram a usar os símbolos maçônicos em suas campanhas publicitárias para assegurar sua credibilidade junto ao público.

A Guerra pela Independência

A franco-maçonaria não teve nenhuma influência sobre o desencadeamento da Guerra pela Independência, uma vez que havia franco-maçons em ambas as frentes de batalha. George Washington, o comandante-em-chefe das forças revolucionárias, era franco-maçom, assim como a maioria dos comandantes britânicos e muitos dos oficiais de ambos os exércitos. Na verdade, pelo menos um historiador reconhece que os britânicos não lutaram tão efetivamente quanto eram capazes por sentirem-se solidários com os colonizadores. Isso teria incluído também sua participação nas Lojas franco-maçônicas sob a jurisdição da Grande Loja Inglesa. Por outro lado, ninguém reconhece que as Forças Revolucionárias detiveram-se por esse motivo.

Os franco-maçons reivindicaram a responsabilidade pelo "Boston Tea Party" (Festa do Chá de Boston), quando um carregamento de chá foi retirado de um navio e jogado no porto de Boston em protesto contra um tributo britânico sobre o chá. Os franco-maçons, entretanto, não foram os únicos a reivindicarem a autoria desse ato de protesto. Os Filhos da Liberdade também reivindicaram a autoria dele e muitos historiadores acreditam que com mais direito. Os habitantes das colônias opunham-se à taxação sem representação e a posição deles era coerente com as idéias da Inglaterra de uma monarquia constitucional. Mas a Inglaterra insistia em impor tributos e outras restrições sem representação, o que acabou fazendo irromper a guerra.

HISTÓRIA DA FRANCO-MAÇONARIA NOS ESTADOS UNIDOS

Mas os franco-maçons exerceram uma série de papéis importantes no drama da revolução. Paul Revere, o confeccionador de artefatos de prata que fez a fatídica viagem a cavalo para advertir os habitantes do campo sobre o ataque das tropas britânicas, era franco-maçom. John Paul Jones, o comandante revolucionário da belonave dos Estados Unidos, era também maçom. Ele ficou famoso pela batalha naval em 1779 na costa da Nova Inglaterra, onde ele e sua tripulação continuaram lutando mesmo depois de seu navio ter começado a afundar. Quando o comandante britânico gritou para perguntar a Jones se ele estava pronto para se entregar, ele respondeu: "Ainda nem comecei a lutar!" O navio britânico acabou se rendendo e Jones venceu a batalha.

Por outro lado, Benedict Arnold, o mais célebre traidor da Guerra pela Independência, foi também franco-maçom. Arnold concordou em entregar seu posto de comando, em West Point, para as forças britânicas em troca de dez mil libras e um posto no exército britânico. Um mensageiro foi capturado com os documentos comprometedores antes de esse acordo ser firmado e Arnold conseguiu fugir. Ele foi recompensado pelos britânicos, mas jamais obteve sua confiança. A Loja franco-maçônica de Connecticut à qual pertencia o expulsou.

HISTÓRIA DA FRANCO-MAÇONARIA NOS ESTADOS UNIDOS

Apesar de Thomas Paine, o livre-pensador cujo panfleto intitulado *Common Sense* (Senso Comum) ter ajudado a instigar a assinatura da Declaração da Independência, não ser franco-maçom, ele tinha grande interesse pela franco-maçonaria e escreveu um livro sobre o tema. Paine argumentava que a representação parlamentar em questões como a de tributação não bastaria para resolver as disputas e diferenças entre a Coroa e as colônias, uma vez que os Estados Unidos e a Inglaterra tinham se distanciado demais. Os Estados Unidos precisavam declarar sua independência; isso era uma simples questão de bom senso. Mais tarde ele se tornaria também um defensor da Revolução Francesa.

John Hancock, que assinou a Declaração da Independência em letras garrafais, era franco-maçom. Hancock tinha sido informado que os britânicos estavam oferecendo uma recompensa aos revolucionários, de maneira que sua assinatura com letras grandes e floreadas era para que, segundo ele disse, ela pudesse ser lida sem a necessidade de óculos e que, em conseqüência disso, a comissão britânica encarregada pudesse dobrar a recompensa.

Os membros da Loja, inclusive Washington, compareceram totalmente paramentados com o rigor franco-maçônico e Washington recebeu uma baixela de prata com os nomes inscritos de todas as Lojas franco-maçônicas ali representadas. Ele colocou essa baixela juntamente com outra com símbolos franco-maçônicos e recipientes de cereais, vinho e óleos sob um dos alicerces do edifício. Seguiu-se uma cerimônia franco-maçônica, coroada por cantos maçônicos.

O pequeno martelo, a colher de pedreiro e o nível usados na cerimônia continuam na Loja número 5 de Potomac, no Distrito de Colúmbia.

O Novo Governo

A afirmação comum de que a franco-maçonaria influenciou a formação da nova Nação é verdadeira. Embora provavelmente tenha exercido muito pouca influência sobre a própria guerra, a franco-maçonaria exerceu uma grande influência sobre as pessoas que escreveram a Constituição e formaram o novo governo. Quando a Guerra da Independência acabou, organizações como Os Filhos da Liberdade já tinham perdido a força e a franco-maçonaria havia se tornado a principal organização de fraternidade.

A nova Constituição foi escrita por Thomas Jefferson, mas seu conteúdo foi decidido pela Convenção Constitucional de 1787. Os delegados eram Jefferson, Washington, Franklin, John Adams e Edmund Randolf. Jefferson não era franco-maçom, mas a maioria, Washington, Franklin e Randolf o eram. Adams não era franco-maçom, mas tendia para o lado deles, contra Jefferson. Não há nenhuma dúvida de que a Constituição dos Estados Unidos, o documento que exerce tanto poder sobre a vida dos americanos, foi altamente influenciada pelos princípios da franco-maçonaria que aqueles homens levavam tão a sério.

A crônica da cerimônia de lançamento da pedra fundamental para a construção do edifício Capitol, que seria a sede do Congresso dos Estados Unidos, em Washington, D.C., ilustra o papel que a franco-maçonaria exerceu naquela época. A cerimônia foi conduzida pela Grande Loja de Maryland e George Washington foi convidado a servir de Mestre de Cerimônias.

O Grande Selo

Uma pergunta feita com freqüência é se o Selo dos Estados Unidos, que aparece no verso da nota de um dólar, é ou não um símbolo franco-maçônico. Algumas poucas horas depois de a Declaração da Independência ter sido assinada em 4 de julho de 1772, uma comissão foi designada para criar o selo nacional. A comissão foi formada por Benjamin Franklin, um franco-maçom, e John Adams e Thomas Jefferson, que não eram franco-maçons. Entretanto, a relação deles com a franco-maçonaria é irrelevante, uma vez que eles não conseguiram criar um desenho aceitável. Depois de mais algumas comissões designadas e muitas alterações, um desenho foi finalmente aprovado por Charles Thomson, Secretário do Congresso Continental, que não era franco-maçom.

A metade do lado esquerdo do Selo da nota de um dólar mostra uma pirâmide em cujo triângulo do topo vê-se um radiante Olho da Providência. O ano em que a Declaração da Independência foi assinada aparece em números romanos na base da pirâmide. Acima do desenho, está escrito "Annuit Coeptis", traduzido como "Ele [o Olho da Providência] abençoou nosso empreendimento". Numa faixa abaixo, aparecem as palavras "Novus Ordo Seclorum", que significam "Uma Nova Ordem dos Tempos". Isso provavelmente refere-se a um verso de Virgílio que foi traduzido para algo como: "Uma poderosa ordem dos tempos está recomeçando."

Os franco-maçons negam veementemente que esse lado do Grande Selo seja um motivo franco-maçônico. A preocupação deles tem a ver com o fato de esse motivo ter sido usado para "provar" que os franco-maçons controlam o governo dos Estados Unidos e pela frase ter sido traduzida como "Uma Nova Ordem do Mundo" com implicações sinistras. A verdade é que não há nada que prove que as pessoas realmente envolvidas com a criação e escolha do selo fossem franco-maçons ou ligadas, de alguma maneira, à franco-maçonaria.

Apesar de muitas lendas franco-maçônicas referirem-se à sabedoria egípcia, a pirâmide nunca foi um símbolo franco-maçônico. A franco-maçonaria utiliza um triângulo, contendo alguma referência à Divindade como símbolo de Deus, mas eles tomaram esse simbolismo emprestado de outras tradições. O mesmo vale para o Olho Divino, que os franco-maçons chamam de O Olho Que Tudo Vê e os criadores do selo chamaram de Olho da Providência. Esse era um símbolo hermético muito comum e amplamente utilizado no século XVIII. Um dos usos mais reputados do símbolo do único olho era o Olho do deus Hórus egípcio.

Não há nenhuma evidência de que o Selo contenha qualquer símbolo franco-maçônico, mas ele claramente contém símbolos que os franco-maçons compartilhavam com outros naquela época. É justo afirmar que os criadores do selo nacional partilhavam de algumas idéias da franco-maçonaria, o que resultou em alguns símbolos similares.

Da Independência ao Escândalo

Muitos franco-maçons pareciam estar mais interessados em declararem a independência da Grande Loja da Inglaterra do que do rei e do parlamento. Mas finalmente a independência estava declarada e cada estado, como cada nação européia, estabeleceu sua própria Grande Loja. Desenvolveram-se ritos diferentes daqueles praticados na Europa e, com isso, a franco-maçonaria começou a assumir sua própria forma nos Estados Unidos.

Nos primeiros tempos da República, a franco-maçonaria conquistou grande reputação e se desenvolveu rapidamente. Nos Estados Unidos, a franco-maçonaria se tornou mais cristã do que havia sido na Europa e, apesar da liberalidade dos antigos ensinamentos franco-maçônicos, ela praticava a segregação racial. Um afro-americano, Príncipe Hall, instituiu a franco-maçonaria negra nos Estados Unidos e, assim, a organização deixou de ser totalmente segregada, embora ainda existam lojas que não reconhecem a Maçonaria de Príncipe Hall.

Em 1826, a reputação da franco-maçonaria foi seriamente abalada por um escândalo. William Morgan, habitante do interior do estado de Nova York, ingressou na franco-maçonaria e, ou por ter-se decepcionado com ela ou por ter ingressado nela desde o início já com a intenção de espioná-la, deixou a Loja, comunicando que havia escrito um livro, *Illustrations of Masonry*, o qual seria publicado e revelaria rituais secretos da maçonaria.

William Morgan foi seqüestrado por um grupo de maçons e jamais voltou a ser visto. Como nenhum corpo foi encontrado, um possível assassinato não tinha como ser provado e os maçons foram acusados de práticas ilícitas. Houve vinte processos e três sucessivos julgamentos especiais, dos quais membros franco-maçons participaram do corpo de jurados, que acabaram em apenas algumas condenações com períodos de cárcere bem curtos.

O seqüestro e o suposto assassinato acabaram trazendo à tona e alimentando o sentimento antimaçônico até então encoberto. O livro de William Morgan tornou-se um grande sucesso de vendas e, com isso, a literatura antimaçônica, tanto a satírica como a mordaz, floresceu. Milhares de pessoas abandonaram a franco-maçonaria por desgosto ou em protesto e a franco-maçonaria definhou por muitos anos. Em 1884, a franco-maçonaria voltou a ser tão ou mais popular do que antes, mas jamais recuperou a posição proeminente que gozara anteriormente.

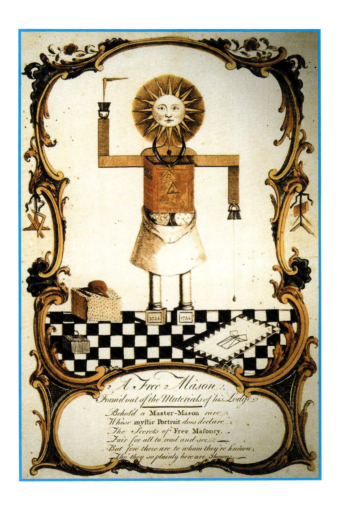

Renomados Franco-Maçons Americanos

Nos 108 anos do período que vai de 1789 a 1897, oito dos 23 presidentes dos Estados Unidos eram franco-maçons: Washington, Madison, Monroe, Andrew Jackson, Polk, Buchanan, Andrew Johnson e Garfield. Nos 56 anos do período que vai de 1897 a 1953, sete dos oito presidentes eram franco-maçons: McKinley, Theodore Roosevelt, Taft, Harding, Hoover, Franklin Delano Roosevelt e Truman. Depois disso, apenas os presidentes Lyndon Johnson e Gerald Ford eram franco-maçons. Outros políticos e líderes políticos franco-maçons atravessaram o cenário político. J. Edgar Hoover, Douglas MacArthur e Fiorello La Guardia, o ex-prefeito de Nova York, eram todos franco-maçons.

Apenas alguns poucos dos gigantes empresariais do século XIX eram franco-maçons: John Jacob Astor, Henry Ford, Walter Chrysler, Ransom E. Olds, King C. Gillette, Alexander Horlick (leite achocolatado), James C. Penney e David Sarnoff. O mesmo vale para os gigantes da aviação do século XX: Charles Lindburgh, John Glenn, James B. Irwin e Leroy Gordon Cooper.

A indústria do entretenimento teve também a sua parcela de franco-maçons: Cecil B. DeMille, Louis B. Meyer, Darryl F. Zanuck, Jack L. Warner, John Philip Sousa, Irving Berlin, Louis Armstrong, Duke Ellington, Nat King Cole e Count Basie, para nomear apenas alguns.

HISTÓRIA DA FRANCO-MAÇONARIA NOS ESTADOS UNIDOS

A Franco-Maçonaria nos Estados Unidos Hoje

A franco-maçonaria tem mais membros e é mais próspera hoje nos Estados Unidos do que em qualquer outro país. Em 1998, os Estados Unidos contavam com mais de 17.000 Lojas. A maioria de suas Lojas adota o Rito Escocês, e muitas outras, o Rito de Iorque. Há também uma organização maçônica que é única para os Estados Unidos, fundada em Nova York em 1870. Essa é a Antiga Ordem Arábica dos Nobres do Santuário Místico, mais comumente conhecida como os Relicários. Apenas os franco-maçons que alcançaram o 32º grau do Rito Escocês ou o grau dos Cavaleiros Templários do Rito de Iorque têm permissão para participar. Os Relicários têm mais de 500.000 membros na América do Norte (incluindo o Canadá, o México e o Panamá).

Os franco-maçons são conhecidos nos Estados Unidos por suas obras de caridade. Os Relicários sozinhos mantêm 22 hospitais que se dedicam a tratar de crianças menores de dezoito anos com problemas ortopédicos ou de queimaduras. Existem vinte hospitais nos Estados Unidos, um no Canadá e mais um no México.

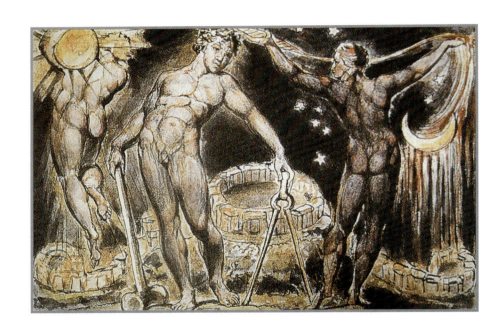

Mitos e Símbolos

O Mito da Criação segundo a Franco-Maçonaria

Os mitos franco-maçônicos reescreveram a história do ponto de vista da franco-maçonaria. De acordo com esses mitos, a franco-maçonaria existe desde o início dos tempos: a Criação. O Deus do Antigo Testamento foi o primeiro franco-maçom, ao criar o mundo em seis dias.

Adão foi um maçom e os maçons construíram a Torre de Babel. Como as pessoas começaram a falar em línguas diferentes, Deus ordenou que os maçons se comunicassem uns com os outros por meio de símbolos secretos. Essa é a origem dos apertos de mão e gestos secretos dos franco-maçons. Noé também foi maçom e preservou as formas de vida animal e vegetal. Os conhecimentos que existiam antes do Dilúvio, como de geometria, música, criação de animais e metalurgia, foram colocados em duas colunas de pedra e metal e, assim, sobreviveram ao fogo e ao dilúvio. Essas eram as duas principais colunas do Templo de Salomão. De acordo com algumas lendas, os conhecimentos que já existiam antes do Dilúvio foram restabelecidos por Pitágoras, que também, é claro, era maçom.

Abraão, que também era maçom, inventou a geometria, de importância vital para a maçonaria. No Egito, Abraão conheceu um escravo grego chamado Euclides, a quem ensinou geometria. Euclides anotou seus ensinamentos e foi a partir de seus escritos que o mundo tomou conhecimento da geometria.

Hiram Abiff

A lenda de Hiram Abiff é a mais importante da franco-maçonaria. Ela chegou até nós em várias versões. A lenda está fundada na descrição da construção do Templo de Salomão feita em 1 Reis 5-7.

Conta a lenda que quando Salomão decidiu construir o Templo, ele procurou o rei Hiram de Tiro em busca de materiais e mão-de-obra capacitada. O rei Hiram cedeu-lhe seu melhor Mestre-de-Obras, que era Hiram Abiff. Esses três homens, Salomão, o rei Hiram e Hiram Abiff eram os guardiões de uma palavra secreta do Templo.

De acordo com algumas versões, essa palavra é o segredo do Templo e, para outras, é a palavra do Mestre, a palavra que distinguia o Mestre-de-Obras dos Aprendizes e Companheiros. Com milhares de homens trabalhando no Templo, o único modo de Hiram Abiff saber o que pagar a cada um deles era cada grupo ter uma palavra e aperto de mão diferentes. A palavra do Aprendiz era *Boaz*, a do Companheiro era *Jochin*, e a do Mestre era *Jeová*.

Três trabalhadores perversos atacaram Hiram Abiff no Templo e tentaram obrigá-lo a revelar a senha. Enquanto era golpeado, Hiram Abiff ia se arrastando de porta em porta traçando um desenho no chão com seu sangue. Ele morreu sem revelar o segredo e os malfeitores, temendo pelo

que haviam feito, pegaram seu corpo e o levaram para ser enterrado na encosta de uma montanha. Eles plantaram uma pequena muda de acácia sobre a cova para ocultar a terra remexida.

Quando foi constatado o desaparecimento de Hiram Abiff, grupos de busca foram enviados à procura de seu corpo. Como temessem que Hiram Abiff pudesse ter revelado a senha, Salomão e o rei Hiram decidiram que a primeira palavra que fosse pronunciada quando o corpo fosse encontrado seria a senha do novo Mestre.

Quando um dos buscadores agarrou-se ao pé de acácia para firmar-se na subida da montanha, a planta foi arrancada pela raiz e o corpo de Hiram Abiff foi encontrado. Ao segurar a mão de Hiram, a pele se soltou como se fosse uma luva e o Mestre que o havia tocado exclamou, "Macbenae!" (ou uma de inúmeras variações), que foi traduzido livremente por "a carne se desprende dos ossos", "a carne está podre" ou ainda "a morte de um construtor".

Uma variante dessa parte da lenda é que Salomão declarou que a primeira coisa que os buscadores veriam ao encontrarem o corpo seria o segredo do Templo. Quando eles encontraram o corpo e abriram o caixão, a primeira coisa que viram foi a mão de Hiram Abiff e, por isso, o aperto de mão e outros símbolos maçônicos de reconhecimento se tornaram o novo segredo do Templo.

Em ainda outra versão, Hiram Abiff levava a senha do Templo num triângulo dourado sobre o peito. Quando foi atacado, ele conseguiu jogar o triângulo num poço fundo, onde os buscadores do impronunciável nome de Deus terão que encontrá-lo. Essa busca passou a fazer parte do ritual do grau do Real Arco.

MITOS E SÍMBOLOS

Os Símbolos

A franco-maçonaria tem um grande número de símbolos. Ela tomou muitos deles emprestados de várias formas de pensamento metafísico, criou alguns e deu novo significado a outros. Muitos dos símbolos são descritos aos candidatos durante a iniciação aos três graus básicos. Embora exista muita coisa para se saber sobre o simbolismo da franco-maçonaria, tanta que poderia facilmente preencher um grande volume, são só alguns poucos símbolos básicos que reaparecem com freqüência e que são, portanto, importantes para os ensinamentos da Arte Régia. Na franco-maçonaria norte-americana, foram criados quadros com todos os símbolos para assegurar que as Lojas os usassem corretamente. Esses quadros foram por vezes chamados de Tapetes do Mestre.

A Loja

A própria Loja é um símbolo da estrutura metafísica do indivíduo e do trabalho místico da franco-maçonaria. A Loja física é por si mesma uma reunião de irmãos (confrades) e uma construção quadrangular. O indivíduo é um conjunto de faculdades e o quaternário (esquadro) é o símbolo dos organismos físicos. O mundo físico é feito de quatro elementos e o quadrado lembra que todo organismo é constituído de todos os elementos em equilíbrio. Para quase todo pensamento filosófico do Ocidente antes do século XIX, tanto o universo quanto a pessoa humana eram considerados como tendo sido criados de acordo com o mesmo plano quadrangular.

Na Loja física, diferentemente da simbólica, a sala em que são feitas as reuniões e as cerimônias é chamada de Quadrado Oblongo. O Mestre coloca-se na extremidade leste para presidir o ato. As Lojas foram projetadas simbolicamente, mas também com um olho no aspecto secreto da franco-maçonaria. Em algumas construções do século XIX, a câmara do meio é circundada por um corredor que serve de proteção. As Lojas da Inglaterra ao Japão refletem tanto os princípios da franco-maçonaria como o contexto cultural local.

MITOS E SÍMBOLOS

A Divindade

A Divindade Criadora é um conceito central na filosofia franco-maçônica. Algumas representações da Divindade aparecem na maioria das obras de arte e quadros maçônicos. Existem muitos símbolos que podem ter relação ou mesmo significar a Divindade, incluindo as estrelas de cinco e oito pontas, o triângulo, o olho, a letra G e o nome hebraico de Deus. Esses símbolos são com freqüência associados com uma auréola ou aura de luz resplandecente.

A Divindade pode ser representada por uma combinação desses símbolos. Por exemplo, pode haver uma estrela com um círculo em cujo centro há um triângulo; um olho circundado por uma auréola; um triângulo contendo um olho circundado por uma auréola; ou um triângulo contendo a letra G ou as letras hebraicas que formam a palavra Deus. Na franco-maçonaria, a figura de uma estrela de cinco pontas circundada por uma auréola de luz costuma ser chamada de Glória.

As Colunas do Templo

Consta do Livro 1 Reis 7, do Antigo Testamento, que Hiram de Tiro, um hábil artesão especializado em bronze, foi trabalhar na construção do Templo de Salomão e que ele fundiu dois pilares de bronze para o vestíbulo do Templo. Há diferenças nas dimensões dos pilares de acordo com o primeiro Livro dos Reis 7 e o segundo de Crônicas 3. O pilar voltado para o norte foi chamado *Boaz* e o pilar voltado para o sul recebeu como nome *Jaquim*.

De acordo com a mitologia franco-maçônica, Boaz era o pai do rei David e Jaquim, o sumo sacerdote que auxiliou na sagração do Templo de Salomão. Às vezes, as direções dos pilares são invertidas e Jaquim passa a representar a terra de Israel ao norte, enquanto Boaz representa a terra da Judéia ao sul. Segundo outra lenda, esses pilares contêm todas as formas do conhecimento antigo anterior ao Dilúvio. Eles também indicam a passagem de entrada para o caminho espiritual.

A franco-maçonaria dá uma outra dimensão a esse simbolismo ao acrescentar características arquitetônicas às colunas. Para os arquitetos gregos, havia três ordens de arquitetura: a dórica, a coríntia e a jônica. Os pilares Boaz e Jaquim são representados como colunas dórica e coríntia, significando princípios ativos e passivos, e a terceira coluna jônica é freqüentemente também representada. As três colunas simbolizam respectivamente Sabedoria, Força e Beleza.

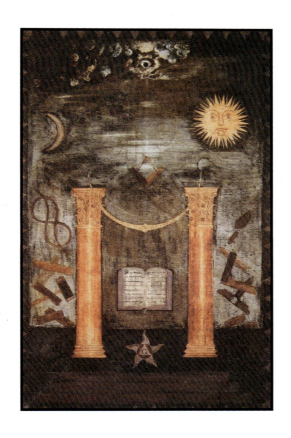

A Caveira sobre Ossos Cruzados

Nos séculos XVII e XVIII, a Caveira sobre Ossos Cruzados constituía um símbolo popular que ainda não estava associado a nenhum grupo em particular. Esse símbolo assustador foi adotado pelos piratas em sua bandeira Jolly Roger. Se a bandeira era negra, simbolizava perigo, mas se era vermelha, indicava que os piratas não teriam nenhuma compaixão.

Os franco-maçons daquela época também adotaram o símbolo, mas por um motivo bem diferente. A caveira sobre ossos cruzados simbolizava a morte do eu individual ou ego, a morte que se faz necessária para a ressurreição em outro plano de existência ou de consciência. Esse símbolo é também associado à morte física e aparece nos paramentos usados nas cerimônias fúnebres. Esse símbolo nos lembra de nossa frágil condição de mortais, da inevitabilidade da morte e da prestação de contas por nossos atos.

Os franco-maçons têm muitas versões sobre a origem desse símbolo. Uma delas conta que quando o corpo de Hiram Abiff foi encontrado, a caveira jazia sobre ossos cruzados. Outra versão atribui esse símbolo a uma lenda sobre Robert Bruce, o rei da Escócia. Existe ainda uma lenda dos cavaleiros templários relacionada a esse símbolo. De acordo com ela, um cavaleiro templário amava uma mulher que morreu. Ele ficou tão obcecado por sua paixão que quebrou seus votos, foi até seu túmulo e violou o corpo. Ao concluir seu ato, uma voz falou do túmulo, dizendo a ele para voltar em nove meses. Quando então retornou e escavou a sepultura, ele encontrou uma caveira sobre os fêmures da mulher. A voz disse a ele para levar consigo a caveira, o que ele fez. A caveira era mágica e deu a ele conselhos mágicos. Essa lenda pode ter alguma relação com as acusações de que os templários tinham uma cabeça mágica conhecida como Baphomet que eles idolatravam.

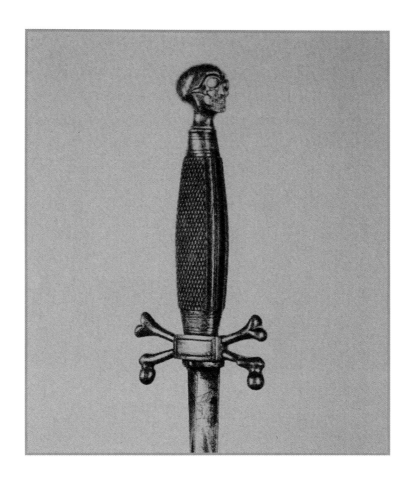

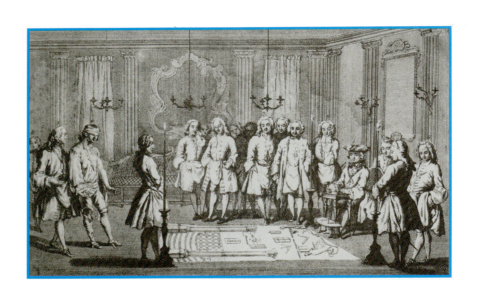

Artefatos

Quadros de Assoalho (Tapetes ou Canteiras) e Pranchas de Gravar ou Traçar

Um quadro ou pintura contendo símbolos importantes é utilizado para iniciar os candidatos aos diversos graus da franco-maçonaria. Nos primeiros tempos da franco-maçonaria, o funcionário da Loja responsável por vigiar a porta tinha a função de desenhar o devido quadro no chão da Loja. Finalmente, a Loja tinha os quadros pintados profissionalmente em telas que podiam ser enroladas e guardadas quando não estavam sendo utilizadas nos rituais. Isso resultou em estragos nas pinturas depois de alguns anos, de maneira que os quadros acabaram sendo montados sobre pranchas que eram, às vezes, dobradas para que pudessem ser guardadas e os quadros ficassem fora do alcance dos curiosos. Os quadros montados são chamados de pranchas de gravar ou traçar. Os quadros são diferentes para a cerimônia de iniciação a cada diferente grau.

As Lojas têm três itens que são chamados de Jóias Imóveis da Loja. São elas a Pedra Bruta, a Pedra Cúbica e o Quadro ou Prancha de Traçar. Existem diferenças entre os Quadros de Traçar que foram desenvolvidos dentro da tradição da franco-maçonaria européia e os desenvolvidos na tradição dos Estados Unidos. Os Quadros de Traçar americanos tendem a ser mais simples.

Paramentos

A peça mais importante dos paramentos maçônicos é o avental. Conforme já vimos, trata-se de um avental de pele branca de carneiro, bordado ou pintado com símbolos maçônicos. Muitos dizem que o avental era usado pelos maçons operativos, mas não há nenhuma evidência de que eles usassem pele de carneiro para portar suas ferramentas e materiais. O uso da pele de carneiro parece provir do costume dos cavaleiros templários de usarem um cinto feito com essa pele.

Os aventais modernos são comumente manufaturados e indicam o grau do franco-maçom. Os aventais mais antigos costumavam ser bordados pelas mulheres das famílias franco-maçônicas com uma variedade de símbolos franco-maçônicos ou pintados à mão. Muitos deles eram extremamente sofisticados e confeccionados com grande esmero. Às vezes, os aventais são adornados de preto, para serem usados nas cerimônias fúnebres.

Outro acessório comum entre os paramentos é a faixa. Ela é tradicionalmente usada pelos oficiais da Grande Loja na franco-maçonaria americana e por determinados graus no Rito Inglês de Iorque. Todos os Companheiros do grau Santo Real Arco usam uma faixa escarlate com as palavras "Santidade de Deus".

Luvas brancas eram tradicionalmente usadas por todos os franco-maçons e continuam sendo usadas pela maioria deles em certas ocasiões. Elas são usadas pelos oficiais da Loja em cerimônias e reuniões e simbolizam mãos limpas ou um maçom de vida casta e sem máculas.

Na franco-maçonaria americana só o Mestre da Loja usa chapéu. Ele tira o chapéu quando a Divindade ou o Grande Arquiteto do Universo é mencionado e também quando o Grande Mestre do estado visita a Loja. Quando o oficial superior vai embora, o Mestre volta a usar o símbolo da autoridade.

Costumes e Uniformes

Como as antigas guildas dos maçons operativos, os franco-maçons às vezes representam dramas instrutivos comparáveis aos das representações medievais do mistério. São representações metafóricas com o propósito de ensinar os princípios maçônicos aos candidatos a diferentes graus. Essas dramatizações são mais comuns nas cerimônias de iniciação ao grau do Santo Real Arco.

Nessas ocasiões, um oficial da Loja desempenha, por exemplo, o papel de Sumo Sacerdote que representa Josué, o Sumo Sacerdote dos hebreus. Outro exerce o papel de rei, representando Zorobabel, governante de Judá; e um terceiro desempenha o papel do escriba, representando o profeta Haggai. No rito americano, o Sumo Sacerdote usa uma mitra na cabeça, uma capa sem mangas e um peitoral. O rei usa uma coroa e segura um cetro e o escriba, por sua vez, usa um turbante. Outros personagens menos importantes do drama usam diferentes acessórios na cabeça. Nos séculos passados, os costumes usados nesses rituais eram muito mais sofisticados.

Os uniformes são, por sua vez, usados pelos franco-maçons que pertencem aos graus relacionados com as ordens militares, como a dos Cavaleiros Templários ou dos Cavaleiros da Cruz Vermelha. O uniforme dos templários era originalmente preto e só mais tarde passou a ser preto e branco.

Jóias e Medalhas

As medalhas comemorativas são normalmente chamadas de jóias e são criadas para uma ampla série de propósitos comemorativos. O termo "jóias" não é inapropriado em muitos casos, uma vez que algumas das medalhas são exemplos notáveis da arte da joalheria.

As jóias são às vezes usadas como distintivos de cargos. Os ex-Mestres de uma Loja recebem jóias, como também os receptores de graus especiais. As jóias eram tradicionalmente usadas penduradas a uma fita de seda. Às vezes, a fita formava um V no peito do usuário, como se pode ver nos retratos pintados de Benjamin Franklin e George Washington, e outras, ela era pendurada no pescoço. O costume de usar medalhas e ornamentos pendurados a fitas é uma herança da tradição européia. As jóias eram também usadas em correntes ornamentais.

Espadas

A espada é um acessório importante usado nas cerimônias franco-maçônicas. Ela era, obviamente, muito importante no mundo da cavalaria, que deu origem à franco-maçonaria. Os Cavaleiros Fidalgos e, com certeza, os Cavaleiros Templários, possuíam e eram treinados no manejo de espadas. As espadas também eram usadas na iniciação de um cavaleiro. Desde a época da cavalaria que a espada adquiriu um significado cristão místico. O cabo forma uma espécie de cruz, simbolismo que aparece nas lendas do Santo Graal, e a lâmina reluzente simbolizava pureza de pensamento e ação.

Na franco-maçonaria moderna, a espada é usada para proteger a porta ou portal dos intrusos e preservar o caráter secreto dos procedimentos. A espada é também usada nas atividades ritualísticas. Por exemplo, num ritual o candidato toca o próprio peito com a ponta da espada para ter consciência do perigo que representa a função que está prestes a assumir. A ponta lancinante também simboliza a caridade e a compaixão, enquanto o fio de dois gumes da espada representa a capacidade da Justiça de cortar de ambos os lados.

Nas ordens militares, as espadas fazem parte dos uniformes.

O Mobiliário

Tradicionalmente, o "mobiliário" da Loja era a Palavra Escrita — que normalmente é a Bíblia Sagrada, mas também pode ser qualquer outro tipo de escritura, como a Torá, o Alcorão e o Bhagavad Gita, entre outros — além do Esquadro e dos Compassos. Mais recentemente, o "mobiliário" básico da Loja tem sido identificado como o Pavimento de Mosaico, a Estrela Flamígera e a Borda Dentada ou Marchetada. O pavimento é o piso da Loja, a estrela, o seu centro e a borda dentada, uma espécie de orla franjada ou cordão entrelaçado, que também se encontra nas bordas de certas pranchas de traçar. As três peças do "mobiliário" original são hoje por vezes consideradas "mobiliário" secundário. O Pavimento, a Estrela e a Borda Dentada são, por vezes, também considerados como Ornamentos.

Com o passar dos anos, as Lojas começaram a acumular móveis no sentido comum da palavra: móveis para se sentar, mesas para escrever, mesas para refeições rápidas, baús para guardar roupas, paramentos e outros acessórios ritualísticos, além de dois pilares de metal ocos. Esses são às vezes decorados com símbolos franco-maçônicos belamente desenhados.

Outros objetos também foram especialmente criados, como utensílios de entretenimento e as argolas de porta usadas por aqueles que querem entrar na Loja.

O Grau de Aprendiz Aceito

Este grau, que se refere ao aprendiz de pedreiro que ingressa quando jovem na corporação no seu nível mais básico, simboliza a pessoa que inicia a transição da vida do plano físico para o espiritual. As pessoas que ingressam nesse caminho são iniciantes com muito a aprender. O símbolo do candidato é, por isso, a Pedra Bruta ou Tosca. A pedra é um material de construção e a pedra bruta ou tosca, recém-extraída da pedreira, ainda não está pronta para tomar seu lugar num edifício. Precisa-se dar forma a ela e lapidá-la; suas arestas ásperas precisam ser aparadas. De acordo com a filosofia franco-maçônica, o edifício simbólico construído por uma humanidade lapidada é o Templo de Deus. O Aprendiz está iniciando o processo que o levará a ser parte do Templo de Deus.

Esse grau da franco-maçonaria é o grau preparatório para a verdadeira entrada no mundo espiritual. Espera-se que o Aprendiz aprenda a exercer a autodisciplina e a purificar-se simbolicamente para aprofundar sua busca. Nas antigas escolas de mistério, o aprendiz se preparava por sete anos e passava pelo processo de iniciação durante esse mesmo período de tempo. Quando o corpo físico e as emoções se aquietavam, o iniciado podia

voltar-se para um nível mais alto de consciência. Na franco-maçonaria moderna, o candidato é apenas simbolicamente testado por membros designados da Loja.

O simbolismo das lições do Grau de Aprendiz está refletido nos quadros ou pranchas de gravar ou traçar que são usadas como meios de aprendizagem dos candidatos. Por exemplo, as Pedras Bruta ou Tosca e a Pedra Perfeita aparecem muitas vezes nos quadros que correspondem a esse grau.

O GRAU DE APRENDIZ ACEITO

O GRAU DE APRENDIZ ACEITO

Uma característica importante do quadro do Primeiro Grau é o Pavimento Xadrez. O Aprendiz fica restrito ao primeiro piso do Templo e terá que aprender a caminhar sobre o pavimento. Os quadros que se alternam entre brancos e pretos simbolizam o mundo conforme é percebido da perspectiva humana. A Divindade percebe o Universo como parte de um todo coerente, que é simbolizado pela estrela flamígera ou Glória ou O Olho Que Tudo Vê que está na parte central e superior do quadro.

A humanidade foi estilhaçada em fragmentos e perdeu a consciência de sua verdadeira origem e natureza. A humanidade percebe o Universo como dividido; as partes do Universo são, no melhor dos casos, complementares e, com freqüência, se encontram em oposição. O princípio da dualidade é que sempre que algo é percebido como existindo separado da Fonte Divina, seu complemento também passa a existir para prover-lhe equilíbrio. Quando acreditamos que esses complementos se encontram em oposição um ao outro, levamos uma vida de esforço e luta. O Aprendiz tem que aprender a "caminhar sobre" os opostos e encontrar o equilíbrio. Apesar de o pavimento parecer estar em dualidade, na verdade ele se encaixa perfeitamente no todo. O Aprendiz aprende a distinguir a aparência da realidade no chão sobre o qual andamos.

Duas ou três colunas ou pilares estão também incluídas nas pranchas de gravar e traçar para esse grau. As duas primeiras colunas são Boaz e Jaquim, os princípios ativo e passivo. Esses são às vezes equilibrados por uma terceira coluna no centro. Esses pilares ilustram certos princípios de geometria e simbolizam o recôndito mais profundo da Alma.

Em ainda outro nível, uma forma mais sutil de dualidade é simbolizada pelo sol e pela lua, ou pela lua e pelas estrelas, que aparecem a cada lado do símbolo da Divindade. Uma escadaria normalmente leva do andar térreo do Templo para os reinos celestiais. Essa escadaria tem três principais degraus, que são a Fé, a Esperança e a Caridade, e essas figuras costumam ser representadas sentadas numa escada. A escada é aquela que Jacó vê em sua visão de acordo com o relato do Antigo Testamento.

Na base da escada estão as Três Grandes Luzes: o livro da escritura com o Esquadro e os Compassos sobre ele. A Palavra Escrita é a manifestação física da Palavra Eterna não-escrita. O Esquadro, nesse contexto, simboliza a Alma humana. A Alma é criada perfeita, ou quadrada. O símbolo da Alma é o Triângulo Aquático, que é um triângulo com o vértice voltado para baixo. O Esquadro é colocado sobre a Palavra Escrita para formar os dois lados desse triângulo. Os Compassos representam o Espírito que anima a Alma, ou o espírito em oposição à psique. Esse aspecto é representado pelo Triângulo de Fogo, que é um triângulo com o vértice apontado para cima. Os Compassos são colocados sobre a Palavra Escrita para formar os dois lados desse triângulo.

O ponto no interior de um círculo simboliza a unidade e o princípio da criação, enquanto as linhas paralelas de cada lado simbolizam outra forma de dualidade. Na Real Arte Inglesa, elas representam o profeta Moisés e o legislador Salomão. No sistema americano, elas representam os dois santos padroeiros da franco-maçonaria: João Batista e João Evangelista.

O GRAU DE APRENDIZ ACEITO

As ferramentas do Primeiro Grau são o Malhete, o manômetro ou régua de 24 polegadas e, às vezes também, o Cinzel. Esses instrumentos podem estar ou não representados com as outras ferramentas maçônicas no quadro. O Malhete ou martelo é uma força ativa, e o Cinzel direciona essa força para o lugar apropriado. O manômetro ou régua possibilita a alguém julgar. O aprendiz está aprendendo a usar o julgamento para direcionar a ação para o propósito de transformar a pedra bruta em polida. O manômetro é também um instrumento de medição do tempo e o número 24 representa um dia ou a medida de um ciclo completo de tempo.

O GRAU DE APRENDIZ ACEITO

O Grau de Companheiro

A essência da doutrina maçônica é a idéia de que todos os seres humanos estão em busca de algo que perderam de sua própria natureza. Com os devidos ensinamentos, a devida prática e dedicação, eles podem recuperar o que perderam. O Grau de Companheiro é o primeiro passo na jornada dessa busca. Como no Grau de Aprendiz o iniciante foi introduzido à vida espiritual e realizou o trabalho requerido de aquietar o corpo e a mente, o Companheiro está agora preparado para voltar-se para dentro de si mesmo em busca de conhecer a sua própria natureza. Esse estágio exige que ele suba pela escada espiralada até o segundo andar do Templo.

O candidato ao Grau de Companheiro é comparado a uma Espiga de Milho madura, a qual aparece, às vezes, representada no quadro, embora o que é chamado de milho seja, na verdade, uma representação do trigo. O candidato está maduro e pronto para passar para outro nível. Para fazer isso, o Companheiro usa a escada encaracolada que, como a escada do quadro do Aprendiz, segue no sentido horário (leste-oeste). Essa escada do Templo de Salomão é mencionada no primeiro Livro dos Reis 6:8, que diz: "A subida para o segundo andar ficava no lado sul da construção: a pessoa subia por uma escada espiralada até o segundo andar e, dali, ela passava para o terceiro."

Essa subida para o segundo andar é flanqueada por dois pilares ou colunas, que são, às vezes, identificadas respectivamente como a coluna de nuvem e a coluna de fogo. Segundo o Livro do Êxodo 13:21, quando os israelitas fugiram do Egito e atravessaram o deserto, "O Senhor ia adiante deles numa coluna de nuvem durante o dia, para mostrar-lhes o caminho, e numa coluna de fogo durante a noite, para os alumiar, de modo que eles pudessem viajar tanto durante o dia quanto durante a noite." As duas colunas na subida para o segundo nível são também chamadas respectivamente de Sabedoria e Força. O candidato funciona como a terceira coluna, ou a coluna da Beleza ou do Equilíbrio.

O número de degraus da escada espiralada para o segundo nível varia nas diferentes tradições maçônicas. Na tradição da franco-maçonaria americana, ela costuma ter quinze degraus. Os degraus são divididos em grupos aos quais são atribuídos significados simbólicos. Existem três degraus no primeiro grupo e o número três é comum na Arte Real. Por exemplo, existiram três Grão-Mestres originais, que foram: Salomão, rei Hiram e Hiram Abiff; são três as colunas ou pilares; três Grandes Luzes, três Jóias Imóveis, e assim por diante. O segundo grupo tem cinco degraus. Cinco simboliza o pentagrama, que era o símbolo da fraternidade de Pitágoras. O pentagrama é também o símbolo do microcosmo humano. O último grupo tem sete degraus, os quais simbolizam as sete Artes Liberais e Ciências num nível de entendimento e sete níveis de consciência em outro.

O GRAU DE COMPANHEIRO

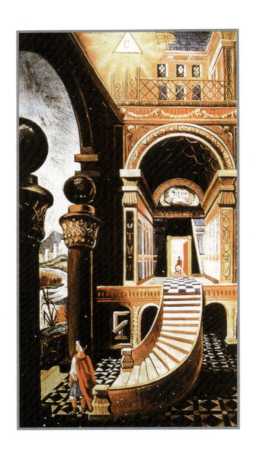

O GRAU DE COMPANHEIRO

Existem pessoas, particularmente na franco-maçonaria moderna, que atribuem a esse segundo grau um significado não-espiritual, e o interpretam no âmbito da educação. Essas pessoas citam as sete Artes Liberais e Ciências como evidências de que esse é o significado do grau. De acordo com o pensamento antigo, no entanto, as sete Artes Liberais e Ciências eram parte essencial do trabalho espiritual, e educação e espiritualidade não eram categorias separadas, como vieram a se tornar em grande parte do mundo moderno. A idéia de sete níveis da consciência é comum ao pensamento místico, que permeia tanto o misticismo de Teresa D'Ávila quanto o sistema indiano dos sete chakras.

No processo espiritual, a ascensão para o segundo nível é o momento de voltar-se para o próprio interior. O candidato entra na Câmara do Meio do Templo, símbolo do Santíssimo Santuário no interior de cada pessoa. A prancha de traçar ou o quadro no assoalho para esse grau expõe um símbolo da Divindade no interior da segunda câmara, indicando a divindade no interior de cada pessoa. Na câmara, O Companheiro recebe os salários dos construtores do Templo: milho, vinho e óleo. O milho simboliza a ressurreição. O vinho representa renovação, saúde e saúde espiritual. Ele também pode indicar o conhecimento místico. O óleo representa alegria, satisfação e felicidade. Ele também simboliza a consagração.

As ferramentas do segundo grau são o Esquadro, o Nível e o Prumo. O Esquadro simboliza a moralidade, a autenticidade e a honestidade. O Esquadro endireita as coisas e indica ao Companheiro a direção certa a ser tomada. O Nível representa a igualdade. Ele mede a partir da linha hori-

zontal e corresponde à qualidade do julgamento. O Prumo simboliza a retidão. Ele mede a partir da linha horizontal e corresponde à qualidade da compaixão.

A prancha de traçar ou o quadro no chão para o Grau de Companheiro tem também um símbolo na sua parte superior representando a Divindade, que é um triângulo com um G no meio, circundado por uma auréola. O G corresponde tanto à geometria quanto à letra inicial da palavra que designa o nome da Divindade. Esse símbolo não representa literalmente a Divindade, mas serve para lembrar que nossos atos são gravados e incorporados ao tecido de nossa existência.

Os oficiais da Loja aparecem também representados em muitos quadros para esse grau. Existem oficiais que correspondem a cada nível simbólico da consciência. Os oficiais mais antigos da Loja são considerados as luzes que trazem sabedoria para ela.

Esse grau é também representado pela Pedra Polida, pedra que foi talhada e lapidada até ficar em condições de tomar seu lugar na construção de um edifício. Quando o Companheiro entra na Câmara do Meio do Templo, ele está preparado para tornar-se algo maior do que ele mesmo.

O Grau de Mestre

O Grau de Mestre é o verdadeiro grau do franco-maçom. Embora outros graus superiores fossem acrescentados depois, esse grau era aquele em que o maçom era transformado em membro pleno da Loja, elegível para desempenhar todas as suas funções. Nenhum franco-maçom está qualificado a alcançar graus mais elevados antes de obter esse.

As pranchas de traçar ou quadros de chão para esse grau levam adiante o simbolismo dos graus anteriores: o pavimento axadrezado, as duas colunas no pórtico do Templo e a escada espiralada. Isso quer dizer que o candidato está agora preparado para caminhar no mundo com equilíbrio e ascender à câmara de sua natureza interior. Com freqüência, há uma água-furtada, simbolizando a luz do conhecimento interior ao qual o candidato tem agora acesso.

As pranchas de traçar para o terceiro grau mostram os contornos de um esquife que contém a maior parte dos outros símbolos que aparecem na prancha. O esquife simboliza uma forma de morte, não a morte física, mas a morte do ego, o eu separado da harmonia com o plano do grande arquite-

to. A morte como iniciação era um conceito filosófico comum. Plutarco disse: "Para ser um iniciado, é preciso morrer." No diálogo *Fédon* de Platão, Sócrates diz: "Todo o estudo do filósofo (ou buscador de sabedoria) não é nada mais do que morrer e ser morto".

No grau do Aprendiz, o candidato foi iniciado no plano físico. Ele aprendeu a lidar com a aparente dualidade da realidade física e a aquietar seu corpo e sua mente. Agora, o candidato "morre para" essa idéia, transpõe o mundo da dualidade e passa para outro nível de existência.

Essa idéia é passada para o candidato por meio da representação da morte de Hiram Abiff. Diz-se que a morte de Hiram Abiff ocorreu quando a construção do Templo estava quase no fim. A morte do eu separado do candidato ocorre quando o trabalho consigo mesmo ou com a construção de seu Templo interior está quase concluído. O candidato deve ser um Templo de Deus e isso pode ser entendido em diversos níveis.

As ferramentas do Mestre Maçom consistem no Lápis, no Esquadro e nos Compassos. O Lápis é uma ferramenta de ação que simboliza o uso do

O GRAU DE MESTRE

pensamento criativo. O Esquadro é um instrumento que constrange o lápis e pode simbolizar o entendimento, mas pode também significar tradição ou conhecimento que atua como empecilho para a ação. Os Compassos são instrumentos de medida usados para desenhos de todos os tipos e para traçados de muitas formas geométricas. Esses instrumentos são as ferramentas de desenho do mestre arquiteto. O papel do arquiteto é o mais elevado do construtor e tanto Deus como Jesus são representados usando Compassos e desempenhando a função de arquiteto.

Depois de dominar todos os três níveis da Arte Régia ou Real, o Mestre Maçom pode se estabelecer com firmeza na realidade física do mundo, olhar para dentro de si mesmo e abrir-se para a Vontade Divina do grande arquiteto.

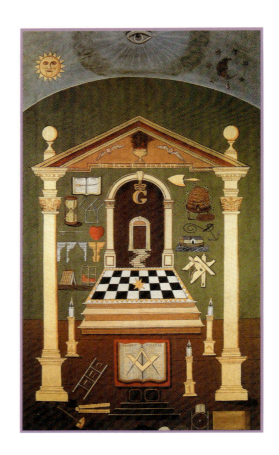

Os Graus Superiores

O s graus acima do nível de Mestre Maçom foram desenvolvidos durante o século XVIII e posteriores. O desenvolvimento desses graus não se deu de maneira harmoniosa em todas as partes do mundo. Diferentemente da própria franco-maçonaria, que devia ser aberta a qualquer pessoa que acreditasse numa divindade, alguns dos graus superiores são apenas para cristãos. O grau de Cavaleiro Templário, por exemplo, é um grau para cristãos.

O mais bem-renomado grau superior é o Grau do Real Arco, que foi instaurado por volta de 1750. De acordo com alguns, ele foi criado pelo Cavaleiro Ramsey, um dos primeiros franco-maçons a insistir que a franco-maçonaria tivera sua origem nos cavaleiros templários, mas o Real Arco pode também ter-se originado na Irlanda. Esse grau leva o Grau de Mestre um passo adiante. Enquanto o candidato ao grau de Mestre morre para o passado, o candidato ao grau do Real Arco é ressuscitado para a exultação da consciência. Na maçonaria inglesa, muitos consideram o grau do Real Arco como uma conclusão do Grau de Mestre.

Na cerimônia de iniciação desse grau, é revelado ao candidato o nome d'O Grande Arquiteto do Universo como sendo Jabulon. De acordo com uma interpretação, *Ja* provém de Jeová, *Bul*, de Baal (ou Bel), e *On*, de Osíris. Numa versão da cerimônia, o candidato é informado que esse é o nome inefável de Deus que se revelou a Moisés na sarsa ardente e que jaz enterrado sob as ruínas do Templo. Os iniciados nesse grau começam a reconstruir o Templo e descobrem a arca da nova aliança numa caverna subterrânea onde Salomão, o rei Hiram e Hiram Abiff se esconderam quando o Templo foi construído. Os candidatos a abrem e encontram um livro da lei e a chave para desvendar os símbolos da arca. Existem três palavras misteriosas, que formam o nome da divindade que só pode ser pronunciado em grupos de três homens, formando triângulos com seus braços e pés. Essa posição de três vezes três é considerada a da arca viva. Cada participante da arca diz uma sílaba do nome em três línguas: Ja-bul-on; Je-o-vá; De-u-s.

O novo estado daquele que alcança esse grau é simbolizado por um triângulo eqüilátero com uma ponta no centro. O triângulo eqüilátero simboliza os planos espiritual, psíquico e físico, todos em equilíbrio, com a ponta da vida em comum no centro. Esse símbolo aparece trabalhado em ouro na faixa dos maçons que alcançaram esse grau.

OS GRAUS SUPERIORES

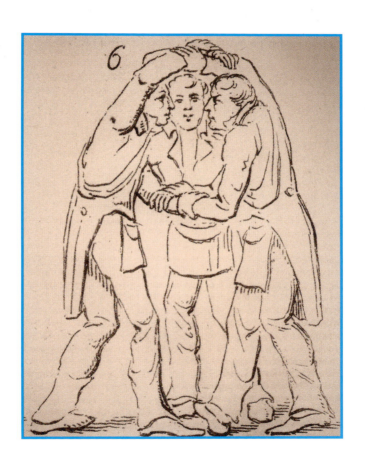

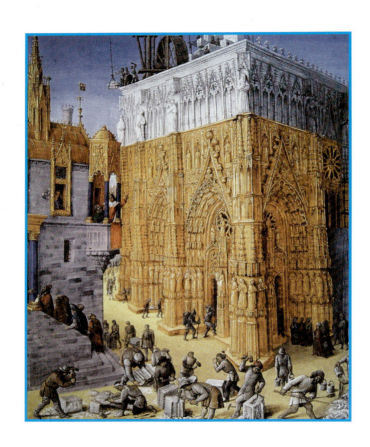

Os Ensinamentos Secretos

A franco-maçonaria é muitas vezes criticada por seu caráter secreto, mas a necessidade de ela manter esse sigilo era no início realmente importante. Todas as tradições das quais a franco-maçonaria possivelmente tenha surgido tinham a necessidade de manter-se ocultas. Os cavaleiros templários precisavam esconder seus interesses por assuntos que a Igreja da época considerava heréticos. Os maçons operativos precisavam esconder suas corporações profissionais clandestinas e as pessoas interessadas em temas ocultos tinham que tomar muito cuidado com as igrejas católica e protestante. A própria franco-maçonaria insistia na tolerância religiosa, posição essa que não obteria favores de nenhuma das facções em disputa. Cristãos e muçulmanos vinham se matando uns aos outros e os cristãos vinham matando judeus havia séculos. Por volta do século XVII, o cristianismo tinha se dividido em dois grupos contrários, ou seja, católicos e protestantes, que vinham promovendo guerras uns contra os outros por toda a Europa.

Os franco-maçons também queriam proteger o caráter secreto de seus rituais, para que seu impacto fosse total sobre os candidatos quando de sua iniciação. Essa confidencialidade acabou despertando uma grande curiosidade e, assim, quando as reuniões eram promovidas em locais públicos, havia o problema com os espiões. Um desenho mostrava uma camareira despencando de um teto quando tentava escutar o que se falava numa dessas reuniões maçônicas. Ela acabou revelando mais do que todos os maçons juntos.

O sigilo sempre fez parte das tradições de Sabedoria. As escolas de mistérios mantinham sigilo absoluto e aos iniciados só eram feitas as devidas revelações quando eles alcançavam o nível apropriado. A razão disso era porque nas iniciações espirituais autênticas, o que se passa é mais do que informação; o iniciado recebe informações no plano energético. Se o candidato não estiver devidamente preparado, a transmissão energética pode ser prejudicial. O sigilo, portanto, serve para proteger as pessoas dos efeitos maléficos de sua própria curiosidade.

Se os franco-maçons algum dia tiveram a custódia de algum tesouro como a Biblioteca dos Templários, esse segredo ficou perdido para os próprios franco-maçons. Possivelmente, existem famílias que detêm esse conhecimento, mas ele não parece ter sido algum dia conhecido de todos os membros da Arte Régia ou Real.

Será que a franco-maçonaria ainda guarda algum ensinamento secreto? A maior parte dos símbolos e rituais da franco-maçonaria foram sendo revelados com o passar dos anos, mas os verdadeiros segredos da franco-maçonaria são internos. À medida que cada candidato percorre o caminho através de seu próprio ser interior, ele descobre os verdadeiros segredos da franco-maçonaria. Esses são segredos que não podem ser revelados; eles só podem ser vivenciados.

OS ENSINAMENTOS SECRETOS

Agradecimentos

Alexander Roob, 15, 57, 85, 124, 131, 132, 140; American Antiquarian Society, 149; Biblioteca Nationale, Florença, 135 ; British Library, Londres, 12, 16, 20, 36; British Museum, Londres, 9, 28, 102, 144; Coleção de Charles Walker, 41 ; Coleções da Grande Loja da Pensilvânia, 71; Edimedia, Paris, 42; Coleção da Grande Loja, 51; Grande Loja da A. F. & A. Masons of Ireland, 79, 136; Grande Loja da Free & Accepted Masons of Japan, 118; Historisches Museum der Tadt Wien, Viena, 8; Hulton Picture Library, Londres, 68; Jerusalem, Jewish National University Library, 45 ; Kilmartin Church, Argyll, 25; Musee de la Ville de Paris, 54; Museum Grootoosten, The Hague, 93; Museum of Fine Arts, Boston, 63, 65; Museum of Our National Heritage, Lexington, MA, 47, 60, 76, 83, 94, 97, 99, 101, 105, 106, 109, 111, 112, 114, 117, 121, 122, 125, 126, 138, 146, 153; National Gallery of Scotland, Edimburgo, 23; Osterreichische Nationalbibliothek, Viena, 38; Palatine Gallery, Florença, 52; Saint Catherine's Monastery, 129; Thames and Hudson, Londres, 35; The Bridgeman Art Library, 150; The William Blake Trust, Londres, 86; Topham Picturepoint, 32; Universitatbibliothek Heidelberg, 90, 143; Yale University Art Gallery, 66.